X & Michelle Just Married

...heiratet

Autoren / Cover / Bilder

Dirk L. Feiler

Tanja Feiler

Einladung

Der Künstler X aus der Cute Pets WG und Michelle, die Maus heiraten. Die WG Freunde Cute Pets haben Einladungen verschickt.

Die Cute Pets laden ein zur Hochzeit von X und Michelle, am 10. Juli um 13.00 Uhr in der St. Mary Church in Pet-City. Die Feier findet im St. Marys Bistro statt.

Gesprächsrunde

Die Cute Pets haben einmal wöchentlich, samstags um 15 Uhr Gesprächsrunde. Das letzte Mal hat Michelle erzählt:

Hallo ihr Lieben.
Wir sind alle
inzwischen eine
große Familie, Kitty
hat mir verraten,
dass sie ihre
Familie, Herrn und
Frau Feiler gefragt
hat, ob die beiden
zu uns ziehen. Das
Therapeuten –
Autorenpärchen
würde gut zu uns

passen. Vor allem sind die beiden seit 13 Jahren verheiratet, X und ich werden erst heiraten. Ihr habt zum Glück alle das Buch gelesen, in dem ich der ganzen Welt erzähle, welche Sünden ich begangen habe –

zu was Freiheit
führen kann...X
sagt immer,
sprech alles aus,
das tue ich. Doch
über uns hängt
eine Wolke des
Zweifels – es ist
viel geschehen –
während ich am PC
arbeite und mich
bewusst soweit es
möglich ist vom

sozialen Netz fernhalte, schreibe, ist X als Künstler mittendrin, hilft – und vergisst sich selbst oft dabei. Überall „spukt" es auf eine Art, die X belastet. Warum vertraust Du mir nicht? Erinnerst Du Dich an die

Stundenlangen Gespräche, das Forschen...Zielklar heit ist wichtig, wie Du hasse ich auch Geheimnistuerei. Gott macht keine Fehler – ich sage die Wahrheit – und liebe Dich.

Gruppenbild vor der Kirche:

Die Stars aus der 10 teiligen Kinderbuchreihe So isses, die chinesische Sängerin Anh Wong, Filmschauspielerinn en, Musiker, Künstler — alle sind sie gekommen.

Als die Pets Konzerte in Übersee gegeben haben, haben sie im White House den Cute Pets Song gesungen. Und der Präsident mit seiner Frau ist auch zur Hochzeit gekommen.

Yes, und sie haben JA gesagt — Herr und Frau Xet.

Flitterwochen

Das Brautpaar und die Hochzeitsgesellschaft feiern anschließend in einem Bistro. Die frisch Vermählten essen eine Kleinigkeit und tanzen, doch dann geht es in die

Flitterwochen zu den Pyramiden...

Und am selben Tag heiraten in den USA Jo Epp und seine Freundin...

Wir sagen Danke